W0308787

c)

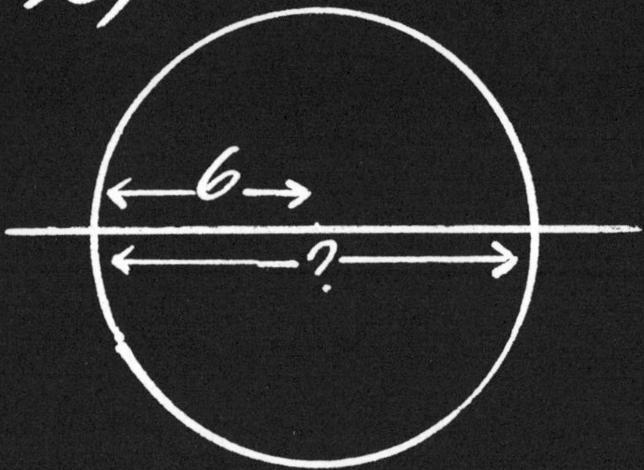

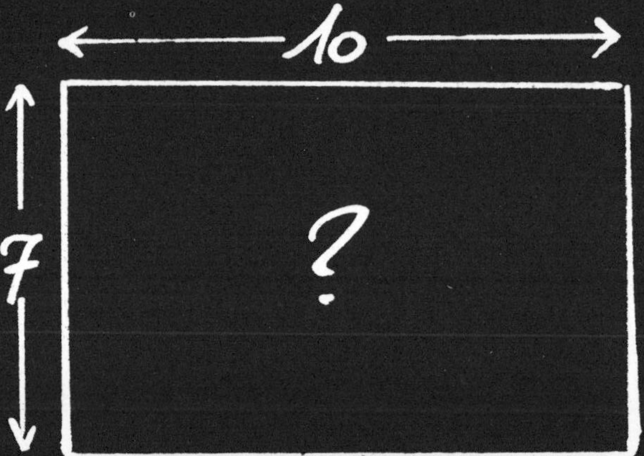

d) 3 x 6 =

1,8 x 2 =

34 + 75 =

12 + 26 =

5 + (2 x 4) =

e)

12,5 + 6,23 =

5,6 + 3,2 + 1,1 =

18,75 - 2,23 =

Godi + Zidrou

L'élève Ducobu

LE LOMBARD
LA BD DES 7 A 77 ANS

Première édition

© GODI - ZIDROU - EDITIONS DU LOMBARD (EDL - B&M s.a.) 1999
Tous droits de reproduction, de traduction et
d'adaptation strictement réservés pour tous les pays.

D/1999/0086/23
ISBN 2-8036-1355-7

Dépôt légal : janvier 1999

LES EDITIONS DU LOMBARD
7, AVENUE PAUL-HENRI SPAAK -1060 BRUXELLES - BELGIQUE

INTERNET : http://www.lombard.be

L'élève Ducobu
0/10
C'EST FINI ENTRE NOUS ! JE PARS !
TU M'AS TROP FAIT SOUFFRIR !
J'AI DÉCIDÉ DE REFAIRE MA VIE !
LA PREMIÈRE FOIS QUE JE T'AI RENCONTRÉE, TU ME SEMBLAIS SI INTELLIGENTE ! JE PENSAIS QUE TU ALLAIS M'APPRENDRE DES TAS DE CHOSES...
J'ÉTAIS JEUNE. J'ÉTAIS NAÏF.
J'EN AI ASSEZ DE ME FAIRE SONNER LES CLOCHES ! ASSEZ D'ÊTRE HUMILIÉ DEVANT MES AMIS ! TU AS FAIT DE MOI UN PARIA !
JE... JE CROIS QUE JE NE T'AIME PLUS !
LES LARMES N'Y CHANGERONT RIEN ! MA DÉCISION EST IRRÉVOCABLE !
JE TE QUITTE À TOUT JAMAIS !
ADIEU, L'ÉCOLE ! ON AURA QUAND MÊME VÉCU DE BONS MOMENTS ENSEMBLE !
ÉCOLE
MAIS CE QUE JE DÉTESTE LE PLUS CHEZ TOI, C'EST CET HOMME QUE TU T'ÉVERTUES À IMPOSER DANS MA VIE !
ÉCOLE
72

0/10
L'élève Ducobu
?
TAC! TAC! TAC!
MON DIEU, DUCOBU ! QUE T'EST-IL ARRIVÉ ?
TAC! TAC! TAC! TAC!
UN TERRIBLE ACCIDENT... JE... JE SUIS AVEUGLE !
JAMAIS PLUS JE NE POURRAI COPIER SUR TOI !
SNIRF ! SOB ! UNE PRALINE POUR OUBLIER TON MALHEUR ?
NON MERCI ! JE N'AIME PAS LE CHOCOLAT BLANC !
MON DIEU, DUCOBU ! QUE T'EST-IL ARRIVÉ ?
UN TERRIBLE ACCIDENT...
73

0/10
L'élève Ducobu
QUE VOIS-JE ?
UNE FEUILLE D'INTERROGATION PLEINE DE VILAINES TACHES !?
SALE ! BÊÊCK ! VILAINE FILLE !
CE NE SONT PAS DES TACHES, CE SONT LES RÉP...
MAIS RASSUREZ-VOUS, CHÈRE PETITE MADÂÂÂME !
GRÂCE À *WASHI WASHA* VOTRE FEUILLE VA RETROUVER SON ÉCLATANTE BLANCHEUR !
WASHI !
HOP !
WASHA !
MERCI QUI ? MERCI *WASHI WASHA* !
BEN ÇA ALORS !
NIARK !
NIARK !
NOUVEAU !
WASHI WASHA
AU CRÉTINUS BI-ACTIVÉ !
-10F
74
10F DE RÉDUCTION SUR PRÉSENTATION DE CE GAG !

0/10
L'élève Ducobu
EH BIEN, DUCOBU ! NOUS ATTENDONS VOTRE TRADUCTION !
HOW DO YOU DO ?
BOH LÀ LÀ ! C'EST DU CHINOIS, VOTRE ANGLAIS !
MOI, LE SEUL TRUC QUE JE COMPRENDS EN ANGLAIS, C'EST "I LOVE YOU, BABY !"
HA! HA! HA! HA!
VOUS AIMEZ RIGOLER, DUCOBU ?
CELA TOMBE BIEN...
...MOI AUSSI !
HA! HA! HA!
À PRÉSENT, NOUS ALLONS ENTENDRE SI VOUS AVEZ TOUJOURS AUTANT D'HUMOUR !
TRADUISEZ !
HI! HAN!
ON NE DOIT PAS AVOIR LE MÊME SENS DE L'HUMOUR !
75

L'élève Ducobu
WHAT TIME IS IT, THÉRÈSE ?
Leçon d'anglais
Aujourd'hui :
L'heure
BIG BEN
EUH ! ... SIX O'CLOCK ?
I THINK THAT YOUR WATCH IS NOT RIGHT, MY POOR THÉRÈSE !
HA! HA! HA!
HA!
AND NOW, MISS GRATIN, WHAT TIME IS IT ?
TOURNE !
TOURNE !
IT IS TEN O'CLOCK, MISTER LATOUCHE !
PERFECT ! PERFECT AS USUAL !
AND NOW "THE DUC", WHAT TIME IS IT ?
ALLÔ ! QUOI ? COMMENT ?
HEIN !! DÉJÀ 4 HEURES !?
C'EST FOU COMME LE TEMPS PASSE VITE ! HEUREUSEMENT QUE VOUS ÉTIEZ LÀ !
SEE YOU LATOR, ALLIGATOR !
... ET VOUS DITES QU'UN FOU FURIEUX VOUS A FAIT AVALER BIG BEN EN VOUS LANÇANT DES INJURES EN ANGLAIS !?

0/10
L'élève Ducobu
...VOUS AVEZ DEUX HEURES POUR SATISFAIRE À CETTE INTERROGATION! TOP CHRON...
J'AI FINI, MONSIEUR LATOUCHE!
HEIN! QUE?... QUOI?... DÉJÀ FINI?
LES QUESTIONS ÉTAIENT SI INTELLIGEMMENT POSÉES QUE JE ME SUIS EMPRESSÉE D'Y RÉPONDRE!
FROTTE! FROTTE!
EUH!... FORT BIEN! VOUS POUVEZ LIRE EN ATTENDANT. JE RAMASSERAI VOTRE COPIE EN MÊME TEMPS QUE CELLE DES AUTRES!
MAIS D'ABORD HUMPF! METTRE MA COPIE À L'ABRI DES REGARDS INDISCRETS!...
JE NE VISE PERSONNE, SUIVEZ LE MIEN (DE REGARD)!
TRIPLE ÉPAISSEUR D'ACIER! IN-VI-O-LABLE!
CLIC! CLAC!
Tralala
!?!
LA CLÉ DU COFFRE-FORT!?
TRIPLE ÉPAISSEUR DE GRAISSE! IN-VI-O-LABLE!
NOUS ATTENDRONS LE TEMPS QU'IL FAUDRA, DUCOBU!
BouHou Hou!

0/10
L'élève Ducobu
FINI !
C'EST POUR QUI LE JOLI 10 SUR 10 ?
POUR BIBI !
ET JE N'AI PAS L'INTENTION DE PARTAGER AVEC LES NÉCESSITEUX !
HUMPF !
« LA PESTE SOIT DE L'AVARICE ET DES AVARICIEUX ! »
BROM !
INUTILE DE METTRE À MAL TON SYSTÈME DIGESTIF, DUCOBU !
CE COFFRE-FORT S'OUVRE GRÂCE À UNE COMBINAISON DE TROIS CHIFFRES QUE J'AI CACHÉE... LÀ !
CLAP !
C'EST DE BONNE GUERRE ! ESPÉRONS SEULEMENT QUE TU N'OUBLIERAS PAS CETTE FAMEUSE COMBINAISON. LA MÉMOIRE, C'EST COMME LA COUCHE D'OZONE, ON TOMBE PARFOIS SUR UN TROU !
PARLE POUR TOI, CERVELLE DE GRUYÈRE !
JE VOUS IMAGINE DÉJÀ, CHÈRE VOISINE, TORTURANT VOS PETITES MÉNINGES À LA RECHERCHE DE CES TROIS CHIFFRES ! ÉTAIT-CE 3 - 7 - 2 ? OU ALORS 9 - 1 - 5 ? OU ENCORE 2 - 2 - 1 ?
9-4-7 ?
6-8-2 ?
1-9-5 ?
5-4-2 ?
4-0-4 ?
2-8-1 ?
0-0-7 ?
7-8-2 ?
DÉPÊCHONS ! SINON JE ME VERRAI DANS L'OBLIGATION DE VOUS METTRE 0 SUR 10 !
EUH ! ... 3-9-2 ? NON ! 5-9-7 ? PEUT-ÊTRE ?
TENEZ, CHER PROFESSEUR ! LE PEU QUE JE POSSÉDAIS, JE VOUS LE DONNE !
QUE VOULEZ-VOUS, LA GÉNÉROSITÉ NE S'APPREND PAS !
78

KLIK!
KLIK!
KLAK!
FLASH!
BZZ
BZZ
EH OUI, CHÈRE AMIE, J'AI ENGAGÉ DU PERSONNEL !
79

0/10
L'élève Ducobu
Quelle belle cueillette nous fîmes: quelques hyménomycètes, des hypholomes, des helvelles des...
!?
AU COIN, DUCOBU !
AU COIN, S'IL VOUS PLAÎT, DUCOBU !
VOTRE MAMAN NE VOUS A JAMAIS APPRIS LA POLITESSE ?
VOUS M'F'REZ 100 LIGNES !
« POURRIEZ-VOUS AVOIR L'AMABILITÉ DE ME FAIRE 100 LIGNES ! »
ÇA VEUT ÉDUQUER LES ENFANTS DES AUTRES ET ÇA N'EST MÊME PAS CAPABLE DE SURVEILLER SON LANGAGE !
ARRÊTEZ DE ME RÉPLIQUER ! CANCRE !
LES GROS MOTS À PRÉSENT !?
AH BRAVO ! BEL EXEMPLE !
GA ! BZZ ! DZOÏNG !
DÉSOLÉ, MAIS MES CONNAISSANCES DE LA LANGUE DE TCHANG NE ME PERMETTENT PAS D'ACCÉDER À LA FINESSE DE VOTRE RÉPARTIE.
PAR PITIÉ, DUCOBU ! ALLEZ AU COIN !
VOILÀ QUI EST MIEUX ! IL SUFFISAIT DE LE DEMANDER POLIMENT !
TU SAIS, NÉNESS, PARFOIS JE DÉSESPÈRE D'ARRIVER À QUELQUE CHOSE AVEC LUI !
ON A BIEN DU MAL À LES ÉDUQUER !
80

L'élève Ducobu
CHÈRE VOISINE, QUE DIRIEZ-VOUS DE JOUER AU POKER LES RÉPONSES DE CETTE INTERROGATION ?
FRRT! FRRT!
MA FOI, POURQUOI PAS ? J'AVAIS JUSTEMENT TERMINÉ.
ET TOI, DUCOBU, QU'EST-CE QUE TU METS EN JEU ?
TOUT CE QUE J'AI !
FRRT! FRRT!
MAIS PAS QUESTION DE JOUER AVEC TON JEU ! IL EST CERTAINEMENT TRUQUÉ !
EUH ! VOYONS, CHÈRE AMIE ! QU'ALLEZ-VOUS IMAGINER LÀ ?
FRRT! FRRT! FRRT!
TR... TROIS CARTES !
SERVIE !
R... RIEN !
CARRÉ D'AS !
NORMAL POUR UNE AS COMME MOI !
UNE DERNIÈRE PARTIE, DUCOBU ?
OH ! VOILÀ SOUDAIN QUE JE ME RAPPELLE LES RÉPONSES !
CHIPS
TSS ! CE QUE LA MÉMOIRE PEUT ÊTRE TRAÎTRESSE ! N'EST-CE PAS, CHER AMI ?
HÉ ! HÉ !
81

L'élève Ducobu...
0/10
TONNERRE ! À CAUSE DE CETTE FICHUE RETENUE, JE RISQUE D'ARRIVER EN RETARD !
POURVU QU'IL EN RESTE ENCORE !
UN SAPIN ? C'EST PAS DE CHANCE : JE VIENS DE VENDRE LE DERNIER !
SAPINS À VENDRE
À MOINS QUE...
PERSONNE N'EN A VOULU ! ALLEZ SAVOIR POURQUOI !
MAIS NON, JE T'ASSURE FISTON ! IL EST TRÈS BIEN TON SAPIN ! SEULEMENT, IL VA FALLOIR ACHETER UNE DEUXIÈME FLÈCHE !
ÉVIDEMMENT, IL FALLAIT QUE CELA TOMBE SUR MOI !
6×7=?
82

0/10
L'élève Ducobu
NOËL CHEZ LÉONIE GRATIN...
CHIC!
NOËL CHEZ DUCOBU...
!!
QU'EST-CE QUI M'A PRIS DE COPIER MA LETTRE AU PÈRE NOËL SUR LÉONIE GRATIN?
83

0/10
L'élève Ducobu
11x3 = .
9x2 = .
8x8 = .
6x7 = .
KLONK !
... ET PUIS, MADAME LA DIRECTRICE, CE SERA NETTEMENT PLUS PRATIQUE QUAND LES ÉLÈVES DOIVENT NETTOYER LEURS PINCEAUX.
C'EST D'ACCORD, MON CHER LATOUCHE ! CE LAVABO, C'EST COMME SI VOUS L'AVIEZ DÉJÀ !
JE TÉLÉPHONE IMMÉDIATEMENT À UN PLOMBIER !
OH ! MERCI, MADAME LA DIRECTRICE ! MERCI !
AH ! AU FAIT ! OÙ COMPTEZ-VOUS FAIRE INSTALLER CE LAVABO ?
MA FOI, L'ENDROIT ME SEMBLE TOUT INDIQUÉ !
MAIS PUISQUE JE VOUS DIS QUE JE LÈVE VOTRE PUNITION, DUCOBU !
PLOMBIER OU PAS PLOMBIER, JE PURGERAI MA PEINE JUSQU'À SON TERME !
OH ! MOI, VOUS SAVEZ, JE SUIS PAYÉ À L'HEURE...
JAMES BONDE PLOMBIER
84

DES NOUVELLES DU FRONT
de notre correspondante de guerre sur place: Léonie Gratin
Lundi 12
Ducobu refuse toujours de quitter son coin. Les promesses, les menaces, rien n'y a fait!
MOI, CE LAVABO, JE M'EN LAVE LES MAINS!
OH! MOI, VOUS SAVEZ, JE SUIS PAYÉ À L'HEURE!
Mardi 13
L'implacable machine administrative s'est mise en marche! Madame la directrice a envoyé un recommandé à Ducobu.
AVIS D'EXPROPRIATION
Monsieur Ducobu, en raison de travaux d'installation d'un nouveau lavabo dans le coin où vous résidez la moitié de l'année scolaire, vous êtes prié de quitter les lieux sous peine de poursuites judiciaires.
Madame la directrice de l'école Saint-Potache
Mercredi 14
Madame la directrice a dû se résoudre à faire évacuer Ducobu de son coin par les forces de l'ordre (en l'occurrence Monsieur Balèse, le professeur de gymnastique). Le plombier va enfin pouvoir l'installer, ce lavabo!
Même jour
Dans son immense mansuétude, Madame la directrice a daigné reloger les rebelles dans un autre coin avec vue sur la cour de récréation.
...ET SUR LA DÉCHARGE MUNICIPALE!
ÇA PUE!
Jeudi 15
Ducobu a entamé une grève de la faim... sélective. Autrement dit, il refuse d'avaler autre chose que des chips, des bonbons et du Coca.
BEHEU
Vendredi 16
Les rebelles ont pris en otage le lavabo! L'épreuve de force a commencé. Le seul qui semble conserver son calme, c'est James Bonde, le plombier.
LIBÉREZ CE LAVABO, DUCOBU! ET IL NE VOUS SERA FAIT AUCUN MAL!
NON AU LAVABO!
OH! MOI, VOUS SAVEZ, JE SUIS PAYÉ À L'HEURE!

Des nouvelles du front

de notre correspondante de guerre sur place: Léonie Gratin (suite)

Lundi 19
Incroyable! Ce matin, à l'aube, les rebelles ont proclamé l'indépendance de leur coin! La guerre du lababo va-t-elle prendre une tournure internationale?

Mardi 20
Par un vote à l'unanimité, l'Assemblée Générale des Nations Unies a reconnu le Ducoland comme Etat souverain. C'est, à ce jour, le plus petit Etat du monde!

Mercredi 21
En présence de nombreux chefs d'Etat étrangers, le président du Ducoland a prononcé ce matin son discours d'investiture.

Jeudi 22
Un médiateur a été envoyé par les Nations Unies afin d'essayer de mettre un terme au conflit qui oppose depuis quinze jours l'école Saint-Potache au Ducoland.

Vendredi 23
Après d'âpres négociations, les accords de paix ont enfin été signés! L'école Saint-Potache pourra installer un lavabo sur le territoire du Ducoland!

Même jour
En contrepartie, l'embargo sur les sucettes sera levé et les habitants du Ducoland se verront exemptés de tout devoir jusqu'à la fin de l'année scolaire!

L'élève Ducobu
COMMENT?! VOUS NON PLUS, VOUS NE CONNAISSEZ PAS VOS TABLES DE MULTIPLICATION !?
MAIS COMMENT AVEZ-VOUS FAIT POUR RÉUSSIR VOS EXAMENS, ALORS?
BEN! CETTE QUESTION! J'AI TRICHÉ, TIENS?!
DUCOBU, COMBIEN DE FOIS FAUDRA-T-IL VOUS DIRE DE LAISSER MONSIEUR LE PLOMBIER TRAVAILLER!?
OH! MOI, VOUS SAVEZ JE SUIS PAYÉ À L'HEURE...
JUSTEMENT!
MOI, QUAND JE SERAI GRAND, JE SERAI PLOMBIER COMME VOUS!
BAH! C'EST PAS SORCIER! 'SUFFIT D'AVOIR DE LA FUITE DANS LES IDÉES! HI!
VOIS-TU, PETIT, L'ESSENTIEL EST DE BIEN FAIRE LA DISTINCTION ENTRE LES TUYAUX DE 4 ET DEMI ET LES TUYAUX DE 12.
HOULA! C'EST PAS FACILE!
?
TUYAU DE 4 ET DEMI?
NON! DE 12!
TAP! TAP!
86

L'élève Ducobu
QUELLE BELLE CUEILLETTE NOUS FIMES:QUELQUES HYMENOMYCETES,DES HYPHOLOMES...
BLANG! KLING! KLING! ZONK!
DES HELVELLES,DESGEASTERS FIMBRIES,DE SUPERBES COULEMELLES,DES...
DZZÎÎÎ! KLING! KAPOW! SPRUTCH! BANGELANG KLING!
EUH!...VOUS NE POUVEZ PAS FAIRE MOINS DE BRUIT?
J'ALLAIS VOUS DEMANDER LA MÊME CHOSE! JE NE M'ENTENDS PLUS TAPER AVEC VOS "CHAMPIGNONNERIES"
...EUH!...CES TRANCHÉES SONT-ELLES ABSOLUMENT NÉCESSAIRES? IL NE S'AGIT EN DÉFINITIVE QUE D'INSTALLER UN PETIT LAVABO DE RIEN DU TOUT!
BEN! ET PAR OÙ QUE JE DOIS FAIRE PASSER MES TUYAUX, MOI ALORS?
ADMETTONS! MAIS FAITES VITE!
OH! MOI, VOUS SAVEZ, JE SUIS PAYÉ À L'HEURE!
BON! REPRENONS LA DICTÉE!
OÙ EN ÉTIONS-NOUS RESTÉS, LÉONIE GRATIN?
Quelle belle cueillette nous fîmes: quelques blang! des kling! kling! des zonk! des dzîîîî! de superbes kapow! des bangelang et un sprutch! ma foi fort appétissant.
SNIF! JE CROIS QUE JE PRÉFÉRAIS ENCORE AVOIR LES MAINS SALES!
KLING! KAPOW!
87

0/10
L'élève Ducobu
BEN ÇA ALORS ?!!
REGARDEZ CE QUE J'AI TROUVÉ!
!? ON DIRAIT UNE TABLETTE EN ARGILE GALLO-ROMAINE !?
CECI INDIQUERAIT-IL QU'IL Y AVAIT DÉJÀ UNE ÉCOLE ICI DU TEMPS DES GALLO-ROMAINS ?! C'EST FABULEUX !
BON! J'PEUX CONTINUER?
SURTOUT PAS, MALHEUREUX!
PLUS QUESTION DE DONNER COURS DANS CE SANCTUAIRE!
IL FAUT ÉVACUER LA CLASSE, FERMER L'ÉCOLE!
L'ÉCOLE ?!
OH! MOI, VOUS SAVEZ, JE SUIS PAYÉ À L'HEURE!
ÇA VALAIT LA PEINE D'ESSAYER, NON?
DRÔLEMENT BIEN IMITÉ!
C'EST À SE DEMANDER COMMENT IL A FAIT POUR DÉCOUVRIR LA SUPERCHERIE!
NOMINO : DUCOBUS
DATUM : 6 AVRILUS DE L'ANNUM 26 AVANTI JÉSUS-CHRISTUS
INTERROGATIONUM TABULA MULTIPLICATIONIBUS
III x IV = XI
IV x VIII = XXVI
VI x VII = XXXII
II x III = VII
88

0/10
L'élève Ducobu
Problème:
Achille fait couler un bain.
Mais la baignoire a une fuite.
Sachant que le robinet d'eau chaude débite 3 litres à la minute, que la baignoire a une capacité de $0{,}8\,m^3$ mais qu'elle perd 20 cl toutes les demi-heures combien de temps faudra-t-il à Achille pour remplir sa baignoire ?
LE PREMIER QUI TROUVE LA SOLUTION LÈVE LE DOIGT.
!?
EUH ! OUI ?
BON ! BEN VOILÀ ! LA PREMIÈRE CHOSE À FAIRE, BIEN SÛR, C'EST DE FERMER LE ROBINET !
!!
ENSUITE, VOUS COLMATEZ LA FISSURE AVEC UNE BONNE COUCHE DE "MASTOC"® HYDROFUGE ET LE TOUR EST JOUÉ !
BIS !
CLAP ! CLAP ! CLAP !
BRAVO !
U... UNE FACTURE ?!?
BEN QUOI !? JE L'AI RÉPARÉE VOTRE FICHUE BAIGNOIRE QUI FUYAIT, OUI OU NON !?
89

0/10
L'élève Ducobu
J'AI FINI, M'SIEUR LATOUCHE !
?!
MAIS IL EST BIEN TROP HAUT, CE LAVABO !...
C'EST POUR AVOIR PLUS DE PRESSION !
VOUS N'ALLEZ PAS M'APPRENDRE MON MÉTIER TOUT DE MÊME !
EH BIEN, CE N'EST PAS TROP TÔT ! UN MOIS POUR INSTALLER UN MALHEUREUX LAVABO !...
OH ! MOI, VOUS SAVEZ, JE SUIS PAYÉ À L'HEURE !
GRMBL ! JE VOUS PRÉVIENS LES HEURES SUPPLÉMENTAIRES SONT FACTURÉES À DOUBLE TARIF !
TROP HAUT ! TROP BAS ! 'FAUDRAIT SAVOIR CE QUE VOUS VOULEZ À LA FIN !?!
LE LAVABO DOIT ÊTRE À CETTE HAUTEUR ! VOUS M'ENTENDEZ, BOUGRE D'ABRUTI ? CETTE HAUTEUR-CI !
ET NE VENEZ PLUS ME DIRE QUE CE N'EST PAS LA BONNE HAUTEUR !
SNIF !
90

0/10
L'élève Ducobu
FACTURE
TIENS ! LA FACTURE DU PLOMBIER ?
IL EST PLUS RAPIDE POUR FACTURER QUE POUR TRAVAILLER, CELUI-LÀ !
!?
BONG !
MONSIEUR LATOUCHE ! MONSIEUR LATOUCHE !
MONSIEUR LATOUCHE ! VOUS AVEZ VU LA FACTURE DU PLOMBIER !?
IL EST EN OR MASSIF VOTRE LAVABO, OU QUOI !?!
...auxquels s'ajoutent 146.000 F(hors T.V.A) pour l'installation d'un
!?
DUCOBU !
C'EST DRÔLEMENT RELAXANT, CES BAINS À BULLES ! VOUS DEVRIEZ ESSAYER, VOUS AUSSI !
CELA VOUS CALMERAIT !
HI ! HI ! LES BULLES ENTRE LES VERTEBRES, ÇA CHATOUILLE !
91

0/10
L'élève Ducobu
LUNDI
MARDI
MERCREDI
JEUDI
VENDREDI
CONTINUEZ COMME CELA LÉONIE GRATIN ET D'ICI PEU VOUS DONNEREZ COURS À MA PLACE!
VOTRE RÉGULARITÉ FORCE L'ADMIRATION, DUCOBU!
Ducobu Bulletin
CALCUL
FRANÇAIS
0/10 a copié
0/10 a copié sur sa voisine
0/10 a copié
0/10 a copié
0/10 a copié
PPFFRR! TOUS CES EFFORTS POUR DES NOYAUX DE CERISES! ...
C'EST CELA LA GLORIEUSE INCERTITUDE DU SPORT, DUCOBU!
92
MERCI À FALZAR!

0/10
L'élève Ducobu
MUSÉE OCÉANOGRAPHIQUE
HI ! HI ! C'EST RIGOLO ! VENEZ VOIR, CHÈRE VOISINE !
REGARDE ! IL NE LUI MANQUE QUE LES TRESSES !
AH ! AH ! TRÈS SPIRITUEL !
OH ! ET CELUI-LÀ ! REGARDE ! IL NE LUI MANQUE QUE LE BONNET D'ÂNE !
REGARDE ! ON DIRAIT QU'ILS SE DISPUTENT !
HÉ ! C'EST COMME ÇA DANS LA NATURE : LE PLUS FORT L'EMPORTE TOUJOURS !
?!
BEN ÇA !...
PLUS JAMAIS JE NE MANGERAI DE POISSON !
93

0/10
L'élève Ducobu
ALORS !? J'ATTENDS, DUCOBU ! QUELLE EST LA PLUS HAUTE MONTAGNE DU MONDE ?
ET POURQUOI TOUJOURS S'INTÉRESSER À LA PLUS HAUTE MONTAGNE DU MONDE ET JAMAIS À LA PLUS PETITE ?
LA PLUS PETITE MONTAGNE SE SITUE EN PLEIN COEUR DU DÉSERT DE KAYAKAGOUGOU ET MESURE 17 CENTIMÈTRES DE HAUT !
LE DÉSERT DE KAYA KWA ?!
NE ME DITES PAS QUE VOUS IGNOREZ AUSSI L'EXISTENCE DU KAYAKAGOUGOU LE PLUS PETIT DÉSERT DU MONDE : 40 CENTIMÈTRES CARRÉS DE SUPERFICIE SITUÉ AU SUD DU SUD DE L'AFRIQUE DU SUD.
MAIS QU'EST-CE QUE VOUS ME CHANTEZ LÀ ? VOTRE "KAYAGOGO" N'EST MÊME PAS INDIQUÉ SUR MA MAPPEMONDE !
NATURELLEMENT, PUISQUE C'EST LE PLUS PETIT DÉSERT DU MONDE !
MÊME CHOSE POUR LES FLEUVES ! ON NE PARLE JAMAIS DU PLUS PETIT FLEUVE DU MONDE.
C'EST LE ROMAN : IL PREND SA SOURCE DANS LA PITTORESQUE BOURGADE PORTUAIRE D'ENYD BLYTON EN ANGLETERRE S'ÉTIRE SUR 36 MÈTRES AVANT DE SE JETER DANS L'OCÉAN EUH !... LE PLUS PROCHE !
DUCOBU, COMMENT VOUS REMERCIER ? GRÂCE À VOUS LE SAVOIR UNIVERSEL VIENT DE S'ENRICHIR DE NOUVELLES CONNAISSANCES FONDAMENTALES !
VOILÀ QUI MÉRITE ASSURÉMENT UNE COTATION À LA HAUTEUR DE VOTRE EXPOSÉ !
À PROPOS, CONNAISSEZ-VOUS LE PLUS PETIT RÉSULTAT DU MONDE ?
EUH !... 0 SUR 10 ?
DÉCIDÉMENT, VOUS ÊTES INCOLLABLE SUR LE SUJET !
EN TOUT CAS, MAINTENANT, ON SAIT OÙ SE SITUE LE PLUS GRAND CANCRE DU MONDE !
" LA FIENTE DE LA COLOMBE N'ATTEINT PAS LE FIER CRAPAUD ! "
94

0/10
L'élève Ducobu
À VOUS DE TIRER LA PREMIÈRE, LÉONIE GRATIN !
AUSTRALIE SUPERFICIE : 7 700 000 Km²
CAPITALE : CANBERRA.
INDÉPENDANTE DEPUIS 1901. L'AUSTRALIE EST FORMÉE DE SIX ÉTATS : L'AUSTRALIE-MÉRIDIONALE, LA NOUVELLE-GALLES DU SUD, LE QUEENSLAND, LA TASMANIE, ET..
EUH ! TRÈS BIEN ! N'EN JETEZ PLUS ! 10 SUR 10 !
VOYONS À PRÉSENT SI NOTRE AMI DUCOBU EN SAIT AUTANT QUE SA BRILLANTISSIME VOISINE !
PFF !
DITES-NOUS CE QUE VOUS SAVEZ DE CE PAYS !
EUH ! ... LE TEMPS DE REBOBI ... EUH ! JE VEUX DIRE DE RASSEMBLER MES SOUVENIRS ET JE SUIS À VOUS !
TCHUC !
CLIC !
AUSTRALIE SUPERFICIE 7 700 000 Km² CAPITALE : CANBERRA
EUH ! ... AUSTRALIE... SUPERFACILE : 7 700 000 m² CAPITALE : LAMBARRA !
TCHIC
ÉVIDEMMENT QUAND C'EST MÔDEMOISELLE GRATIN QUI DONNE LA RÉPONSE, ELLE REÇOIT UN DIX SUR DIX ! MAIS QUAND C'EST MOI, JE ME TAPE UN ZÉRO POINTÉ !!
À TRAVAIL ÉGAL, SALAIRE ÉGAL !
95

L'élève Ducobu
Quelle belle cueillette nous fîmes: quelques hyménomycètes, des hypholomes, des...
JOYEUX ANNIVERSAIRE MONSIEUR LATOUCHE!
CE... CE... C'EST POUR MOI ?
JE NE GARANTIS PAS QU'IL Y AIT LE NOMBRE EXACT DE BOUGIES!
PEUT-ÊTRE AVEZ-VOUS DÉJÀ EU L'OCCASION DE VOUS EN RENDRE COMPTE: LE CALCUL ET MOI, ÇA FAIT DEUX.
ATTENDEZ! CE N'EST PAS TOUT! IL Y A AUSSI UN CADEAU!
UN CACA... UN CADEAU?
C'EST POUR LES JOURS OÙ JE VOUS EN FAIS VOIR DE TOUTES LES COULEURS...
UN PUNCHING-BALL !?!
COMME C'EST DÉLICAT DE VOTRE PART D'AVOIR PENSÉ À MON ANNIVERSAIRE! SOB! À VRAI DIRE, VOUS ÊTES LE SEUL.
IL EST VRAI QUE CERTAINES PERSONNES SONT PLUS PROMPTES À VOUS EXTORQUER DE BONS RÉSULTATS QU'À VOUS OFFRIR DES CADEAUX...
EUH!... À PROPOS, CHER JUBILAIRE: POUR LA PUNITION QUE JE DEVAIS VOUS REMETTRE AUJOURD'HUI, J'AI EU, COMME QUI DIRAIT, UN PETIT EMPÊCHEMENT ET...
N'EN PARLONS PLUS! À L'OCCASION DE MON ANNIVERSAIRE, JE VOUS ACCORDE MON AMNISTIE!
TILT! MAIS, J'Y SONGE: MON ANNIVERSAIRE, C'ÉTAIT IL Y A QUATRE MOIS!
VRAIMENT? HÉ! HÉ! MOI ET LES DATES, VOUS SAVEZ!
QUAND CE SERA VRAIMENT VOTRE ANNIVERSAIRE, VOUS POURREZ TOUJOURS VOUS PEIGNER POUR QUE JE VOUS OFFRE UN CADEAU!
96

0/10
L'élève Ducobu
LOIN
PRENEZ VOS DISTANCES !
?
!?
!!?
BEN QUOI ! VOUS AVEZ DEMANDÉ DE PRENDRE SES DISTANCES, ALORS MOI, JE PRENDS MES DISTANCES !
97

0/10
L'élève Ducobu
QUI VA LÀ ?
FASTOCHE ! DEUX MEXICAINS, VUS D'EN HAUT, QUI FONT DU TANDEM !
À MON TOUR ! ATTENDS !
SIMPLISSIMUS !
DEUX MEXICAINS QUI SE CUISENT UNE CRÊPE !
CETTE FOIS, DUCOBU, JE VAIS TE PIÉGER !...
TEL LE LIÈVRE AGUERRI, JE DÉJOUERAI VOS COLLETS, MADEMOISELLE LA BRACONNIÈRE !
QUI VA LÀ ?
EUH ?...
DEUX MEXICAINS SUR UN SKATEBOARD ?
DEUX MEXICAINS QUI DANSENT UN SLOW ?
DEUX MEXICAINS QUI EUH ! ... NON, VRAIMENT, JE NE VOIS PAS !
UN DUCOBU COPIANT SUR SA VOISINE !
PHEU ! C'EST MÊME PAS RESSEMBLANT ! ET PUIS D'ABORD, J'AI LES YEUX BLEUS !
98

0/10
L'élève Ducobu
QUI VA LÀ ?
POUR LA DERNIÈRE FOIS, DUCOBU : JE NE JOUE PLUS À TES STUPIDES " QUI VA LÀ ? " ! MAINTENANT, LAISSE-MOI TRAVAILLER : J'AI UN 10 SUR 10 SUR LE FEU !
ALLEZ, QUOI ! UN PETIT DERNIER AVANT LA ROUTE !
HUM ?
BON ! MAIS SI JE LE DEVINE, TU ME LAISSES TRANQUILLE, D'ACCORD ?
AU QUAI !
EUH !... DEUX MEXICAINS, VUS D'EN HAUT, QUI LISENT UN LIVRE ?
MONSIEUR LATOUCHE !
ÇA ALORS ? MAIS COMMENT TU AS FAIT POUR DEVINER ?
AVOUE QU'IL EST PRESQUE AUSSI LAID QUE DANS LA RÉALITÉ !
!?
?!
UNE CHAÎNE DE MONTAGNES ? UN "M" MAJUSCULE ?
UN CANCRE, AU COIN !
99

0/10
L'élève Ducobu
JE CONSTATE QU'IL N'Y A PAS QUE TON CERVEAU QUI EN EST ENCORE À L'ÂGE DE LA PIERRE, MON PAUVRE DUCOBU !
?
AU CAS OÙ TU L'IGNORERAIS, L'ÈRE DU PAPIER-CRAYON EST DÉFINITIVEMENT RÉVOLUE ! L'ÉLÈVE MODERNE S'EST TROUVÉ UN NOUVEL ALLIÉ...
L'ORDINATEUR PORTABLE !
PROCESSEUR UNTEL CENTIUM 2XP _ 64 MÉGABITES _ DISQUE DUR 7,3 GB _ CD ROM 32 X _ FAX MODEM 99.6 Kbps _ ÉCRAN 20" _ ENCEINTES INTÉGRÉES 200 WATTS _ 60 LOGICIELS INCLUS _ WATERPROOF ET TOUT ET TOUT !
LA ROUS-ROYCE DES ORDINATEURS PORTABLES !
MAZETTE ! QU'EST-CE QU'IL FAUT COMME PERMIS POUR PILOTER UN BOLIDE PAREIL ?
J'AI DÛ CONTRACTER UN EMPRUNT SUR VINGT ANS À LA BANQUE POUR ME L'OFFRIR, MAIS JE NE REGRETTE PAS MON INVESTISSEMENT !
BZZ !
MUT ! MUT !
GRÂCE À CETTE PETITE MERVEILLE, EN EFFET, IL TE SERA DÉSORMAIS IM-PO-SSI-BLE DE COPIER SUR MOI !
C'EST CE QUE NOUS VERRONS, CHÈRE VOISINE ! C'EST CE QUE NOUS VERRONS !
8x7=56
BZZ !
7x7=49
8x4=32
BZZ !
BZZ ! BZZ ! BZZ !
8x7=56
7x7=49
8x4=32
100

0/10
L'élève Ducobu
Problème:
Pendant combien de temps faut-il placer 49.500 francs à 4 pour 100 pour avoir 99 francs d'intérêts?
CE N'EST PAS POSSIBLE: LE TYPE QUI A INVENTÉ UN PROBLÈME PAREIL A RATÉ UNE CARRIÈRE DE BOURREAU!
JE PROFITE DE L'OCCASION, DUCOBU, POUR TE FAIRE LA DÉMONSTRATION DES MULTIPLES AVANTAGES DE MON ORDINATEUR PORTABLE.
CE GÉNIAL ENGIN, EN EFFET, EST ÉQUIPÉ DU LOGICIEL "NO PROBLEMO H940".
EST-IL ÉGALEMENT ÉQUIPÉ DU LOGICIEL "MON MARI"?
J'INTRODUIS LES DONNÉES DE CE PROBLÈME...
TAPOTE! TAPOTE! TAPOTE!
J'APPUIE SUR LA TOUCHE ENTER
ET LA MACHINE FAIT LE RESTE!
ENTER
IL ME SUFFIT À PRÉSENT D'IMPRIMER LA SOLUTION ET À MOI LE JOLI 10 SUR 10!
MUT!
MAIS?... QUE?... QU'EST-CE?...
UNE PANNE DE COURANT, DIRAIT-ON!
BIEN INOPPORTUNE AU DEMEURANT CAR VOICI JUSTEMENT CE BON MONSIEUR LATOUCHE QUI RAMASSE LES COPIES.
GLUPS!
BOUHOU!
BAH! NE T'EN FAIS PAS: C'EST LE PREMIER 0/10 QUI FAIT LE PLUS MAL. APRÈS, TU VERRAS, ON S'HABITUE TRÈS VITE!
101

0/10
L'élève Ducobu
DÉJÀ!?
DÉCIDÉMENT. VOTRE IDYLLE N'AURA PAS DURÉ LONGTEMPS !
À VENDRE ÉTAT NEUF
J'AI DÉCIDÉ D'EN REVENIR AU SEUL ORDINATEUR PORTABLE QUI NE M'AIT JAMAIS FAIT FAUX BOND...
MON CERVEAU !
TU DEVRAIS TE LAISSER TENTER, DUCOBU ! AVEC UNE TELLE MACHINE, TES RÉSULTATS SCOLAIRES SERONT À LA HAUSSE.
ET MON COMPTE EN BANQUE À LA BAISSE !
LE PROBLÈME EN INFORMATIQUE, C'EST QU'UN ORDINATEUR QUI, LA VEILLE ENCORE, EXHIBAIT SES BEAUX LOGICIELS TOUT NEUFS, SE RETROUVE VITE BON POUR LA CASSE !
ET SI JE T'OFFRE EN PRIME LES RÉPONSES AUX TROIS PROCHAINES INTERROS, HUM ?
DITES, DUCOBU, NE VOUS AVAIS-JE PAS DONNÉ HIER COMME PUNITION DE COPIER 1000 FOIS VOS TABLES DE MULTIPLICATION ?
MA FOI, MAINTENANT QUE VOUS M'Y FAITES SI OBLIGEAMMENT SONGER...
1000 FOIS LES TABLES DE MULTIPLICATION, DISIEZ-VOUS ?
C'EST PARTI, MON KIKI !
MUT!
SI VOUS PRÉFÉREZ, JE PEUX AUSSI VOUS LES FOURNIR EN COULEUR !
BZZ! BZZ! BZZ! BZZ!
TU AVAIS RAISON, DUCOBU : "LE PROBLÈME EN INFORMATIQUE, C'EST QU'UN ORDINATEUR SE RETROUVE VITE BON POUR LA CASSE !"
À VENDRE à donner ÉTAT presque NEUF
102

0/10
L'élève Ducobu
JE T'Y PRENDS, PETIT CHENAPAN !
TU DEVRAIS AVOIR HONTE ! NE SAIS-TU DONC POINT QUE COPIER, C'EST VOLER ?
TU FERAIS MIEUX D'ÉTUDIER TES LEÇONS COMME TOUT LE MONDE !
JE NE DEMANDERAIS PAS MIEUX, MOI, QUE D'ÉTUDIER MES LEÇONS ! MAIS, HÉLAS, JE N'EN AI PLUS LE TEMPS...
SOB ! MON PAUVRE PAPA EST ATTEINT D'UNE MALADIE INCURABLE. QUAND JE RENTRE DE L'ÉCOLE, JE DOIS LE SOIGNER ET M'OCCUPER DU MÉNAGE.
DE PLUS, À CAUSE DE SA MALADIE, MON PÈRE A PERDU SON EMPLOI. AUSSI, LE SOIR, JE FAIS LA PLONGE DANS UN RESTAURANT AFIN DE GAGNER LE PEU D'ARGENT QUI NOUS AIDE À SURVIVRE.
MAIS QUAND JE SERAI GRAND, J'ENTREPRENDRAI DES ÉTUDES DE MÉDECINE. JE CHERCHERAI UN VACCIN CONTRE CETTE HORRIBLE MALADIE ET JE GUÉRIRAI MON PAPA !
PRON !
6x7=42
8x9=72
103

0/10
L'élève Ducobu
DIABLE, DUCOBU ! SERAIS-TU RÉCEMMENT ALLÉ VISITER LA TOUR DE PISE ?
POURQUOI ?
QUEL BESOIN AS-TU DONC DE TOUJOURS COPIER SUR MOI ? CE N'EST POURTANT PAS SORCIER DE MÉMORISER LA TABLE DE 7 !
SORCIER ? À MES YEUX, CES TABLES DE MULTIPLICATION, C'EST DE L'ÉSOTÉRISME PUR !
ATTENDS, JE VAIS T'EXPLIQUER !
SI TU PRENDS UN TAS DE 7. COMBIEN AS-TU ?
UN TAS DE 7 ? UN TAS DE 7 QUOI ?
JE NE SAIS PAS, MOI ! CE QUE TU VEUX ! UN TAS DE 7 JOURS, PAR EXEMPLE.
1 TAS DE 7 JOURS ÉGALE UNE SEMAINE.
NON ! ENFIN, SI ! BON, CE N'EST RIEN. PRENONS PLUTÔT DEUX TAS DE 7. COMBIEN CELA FAIT-IL ?
DEUX TAS DE 7 JOURS, CELA FAIT UNE QUINZAINE.
MAIS, ESPÈCE DE CANCRE À ROULETTES QUI TE PARLE DE JOURS ET DE QUINZAINE ?
MAIS VOUS, CHÈRE VOISINE !
LAO TSEU A DIT : "LONGUE EST L'AUTOROUTE QUI MÈNE AU SAVOIR ET NOMBREUX SONT LES PÉAGES ! "
HOULÀ ! JE VAIS VITE FAIRE LE PLEIN ALORS !
104

0/10
L'élève Ducobu
JE NE COMPRENDS RIEN À CES TABLES DE MULTIPLICATION!
SCRITCH!
ALLONS! ALLONS! PAS DE DÉFAITISME DUCOBU! UN PETIT EXEMPLE CONCRET ET TOUT TE SEMBLERA BEAUCOUP PLUS CLAIR!
VOICI UN PAQUET DE 3 BÂTONS DE CHOCOLAT.
IMAGINONS À PRÉSENT QUE J'ACHÈTE UN DEUXIÈME PAQUET DE 3 CHOCOLATS.
COMBIEN DE CHOCOLATS AI-JE AU TOTAL?
MAIS? MAIS? OÙ SONT PASSÉS LES CHOCOLATS?
LES CHOCOLATS? QUELS CHOCOLATS?
MAIS LES CHOCOLATS QUE J'AVAIS DÉPOSÉS SUR LA TABLE!?
PAS VUS. J'ÉTAIS EN TRAIN DE RÉFLÉCHIR À VOTRE QUESTION.
BON, REPRENONS! J'AI DONC UN PAQUET DE 3 BÂTONS DE CHOCOLAT.
SLURP! POURQUOI NE PAS PASSER CARRÉMENT À LA TABLE DE MULTIPLICATION PAR 9?
HUM?
J'ACHÈTE UN DEUXIÈME PAQUET DE 3 CHOCOLATS...
COMBIEN AI-JE DE CHO...?! MAIS!? OÙ SONT PASSÉS LES CHOCOLATS?
BEN! DANS VOTRE MAIN, CHÈRE VOISINE! VOUS LE VOYEZ BIEN!
ÇA ALORS! J'ÉTAIS POURTANT PERSUADÉE... C'EST À N'Y RIEN COMPRENDRE!
AH! VOUS VOYEZ? SI UNE GROSSE TÊTE COMME VOUS NE COMPREND RIEN À CES FICHUES TABLES DE MULTIPLICATION, COMMENT VOULEZ-VOUS QU'UN CANCRE COMME MOI Y COMPRENNE QUELQUE CHOSE?
BURPS!
105

9/10
L'élève Ducobu
JE TE DÉCONSEILLE DE MANGER À NOUVEAU LE MATÉRIEL PÉDAGOGIQUE, DUCOBU : C'EST DU PLASTIQUE !
AUJOURD'HUI, NOUS ALLONS ÉTUDIER LA TABLE DE 10. PRENONS CETTE ÉQUIPE DE FOOTBALL...
UNE ÉQUIPE DE FOOTBALL COMPTE 11 JOUEURS !
EUH ! ... PEUT-ÊTRE BIEN, MAIS ON DISAIT QU'ILS N'ÉTAIENT QUE 10 !
AH ! JE COMPRENDS : UN DES JOUEURS A REÇU UNE CARTE ROUGE.
C'EST CELA ! UN JOUEUR A ÉTÉ EXCLU !
PRENONS MAINTENANT UNE DEUXIÈME ÉQUIPE. COMBIEN Y A-T-IL DE JOUEURS AU TOTAL ?
TIENS ! LES ADVERSAIRES AUSSI SONT RÉDUITS À 10 UNITÉS. DÉCIDÉMENT, L'ARBITRE N'Y VA PAS DE MAIN MORTE !
ET VOILÀ QU'UNE TROISIÈME ÉQUIPE MONTE SUR LE TERRAIN !
AH NON ! AH NON ! C'EST FORMELLEMENT INTERDIT PAR LE RÈGLEMENT !
MAIS ON SE FICHE DU RÈGLEMENT, DÉCERVELÉ ! ON TE DEMANDE SEULEMENT DE CALCULER COMBIEN IL Y A DE JOUEURS AU TOTAL !?!!
HOLÀ ! LE MATCH SERAIT-IL EN TRAIN DE DÉGÉNÉRER ?
BOUHOUHOU ! JE HAIS LE FOOTBALL !
SUPERBE OFFENSIVE DE KLETASKU QUI MYSTIFIE LA DÉFENSE DU F.C. GRATIN ET INSCRIT UN BUT D'ANTHOLOGIE !
106

L'élève Ducobu
0/10
JE VOUS REMERCIE D'AVOIR RÉPONDU À MON INVITATION. JE PENSE EN EFFET QU'IL EST TEMPS DE TROUVER UNE SOLUTION AU DIFFÉREND QUI OPPOSE VOS DEUX ENFANTS...
LA SOLUTION, JE L'AI !
PERMETTEZ
?
AVEC CES OEILLÈRES POUR CHEVAL, L'INTIMITÉ DES COPIES DE MA LÉONIE SERA DÉSORMAIS PRÉSERVÉE !
TAP! TAP! TAP! TAP!
EUH !... MONSIEUR DUCOBU, QUE PENSEZ-VOUS DE CE PROCÉDÉ QUELQUE PEU... CAVALIER ?
PERMETTEZ ?
?
COMME ÇA, AVEC CE MORS AUX DENTS, CETTE VIEILLE CARNE NE MORDRA PLUS !
RÂÂÂH !
... EN DIRECT DE L'HIPPODROME SAINT-POTACHE OÙ GRATIN DU VIVIER CASAQUE ROUGE À POIS BLANCS, MONTÉE SUR SES GRANDS CHEVAUX EST EN TRAIN DE REMONTER INEXORABLEMENT DUC OBUS, CASAQUE JAUNE RAYÉE DE NOIR !
107

L'élève Ducobu
ABBAYE DE SAINT-POTACHON, JANVIER 1231.
PÈRE ABBÉ ! PÈRE ABBÉ !
QU'EST-CE DONC, SOEUR LÉONIE ?
FRÈRE DUC' N'ARRESTOIT POINT DE COPIER SUR MOI !
QUE NENNI !
FRÈRE DUC' ! CE N'EST POINT PARCE QUE VOUS ESTOIS MOINE COPISTE QUE VOUS DEVEZ COPIER SUR SOEUR LÉONIE !
POUR VOTRE PÉNITENCE, VOUS ME RECOPIEREZ PRESTEMENT CES TROIS PESANTS VOLUMES CI-DEVANT !
DIANTRE ! QU'EST-CE CELA !? ONCQUES NE VIS PAREILLES FORMULES CABALISTIQUES !?
7
8
1 x 7 = 7
2 x 7 = 14
3 x 7 = 21
1 x 8 = 8
2 x 8 = 16
3 x 8 = 24
4 x 8 = 32
OYEZ, MÉCRÉANT, QUE C'ESTOIT AINSI QUE LES MATHÉMATICIENS ARABES ÉCRIVOIENT LES NOMBRES !
C'ESTOIT À VOUS QU'INCOMBE CÉANS LA NOBLE MISSION DE TRANSMETTRE AUX GÉNÉRATIONS À VENIR CES DOCTES OUVRAGES RENFERMANT MOULT MULTIPLICATIONS !
PFFF ! VIVEMENT L'INVENTION DE L'IMPRIMERIE !
ET C'EST AINSI QUE, PAR UN CRUEL HASARD, MON LOINTAIN ANCÊTRE DEVINT CELUI PAR QUI CES MAUDITES TABLES DE MULTIPLICATION PARVINRENT JUSQU'À NOUS !
ENCORE UNE BELLE HISTOIRE, ONCLE DUCOBU !
108

0/10
L'élève Ducobu
LE SUJET DE LA RÉDACTION ÉTAIT : « DONNEZ VOTRE DÉFINITION DU BONHEUR ».
UNE FOIS ENCORE, C'EST NOTRE AMIE LÉONIE GRATIN QUI NOUS A ÉCRIT LA PLUS BELLE RÉDACTION. QUATRE PAGES CISELÉES QUE N'EÛT POINT RENIÉES VICTOR HUGO EN PERSONNE !
JE LUI AI MIS 9,5 SUR 10.
J'EN ARRIVE TOUT NATURELLEMENT AU CHAMPION TOUTES CATÉGORIES : DUCOBU. SA RÉDACTION FAIT EN TOUT ET POUR TOUT TROIS MOTS : TROIS !
Le bonheur c'est
PFF !
JE SUIS CURIEUX D'ENTENDRE CE QUE VOUS ALLEZ BIEN POUVOIR INVENTER POUR EXPLIQUER CETTE BRILLANTE PERFORMANCE, DUCOBU !
VOTRE MÉMÉ EST DÉCÉDÉE POUR LA TROISIÈME FOIS EN MOINS D'UN MOIS ?
VOUS AVEZ REÇU LA VISITE D'UN AMBASSADEUR MARTIEN À QUI VOUS AVEZ FAIT LES HONNEURS DE NOTRE PLANÈTE ?
HA! HA!
HI! HI! PFFF! HO! HO!
BEN, C'EST-À-DIRE... J'ÉTAIS MONTÉ DANS MA CHAMBRE POUR FAIRE MA RÉDACTION. MAIS LA FENÊTRE ÉTAIT OUVERTE...
IL FAISAIT DÉLICIEUX HIER SOIR, VOUS VOUS SOUVENEZ ? L'ODEUR D'UN TILLEUL EN FLEURS... LE CHANT D'UN MERLE AMOUREUX... J'AVOUE : J'AI DÉLAISSÉ MON DEVOIR.
DES HEURES DURANT, JE SUIS RESTÉ ALLONGÉ DANS L'HERBE À CONTEMPLER LES NUAGES. AU LOIN, J'ENTENDAIS DES RIRES D'ENFANTS, COMME UN DÉFI AU TEMPS QUI PASSE.
UN PAPILLON S'EST POSÉ SUR MON FRONT. ET JE ME SUIS ASSOUPI ... VOILÀ !
ET VOUS LUI AVEZ MIS 10 SUR 10 ?
QUELLE PLUS BELLE DÉFINITION DU BONHEUR POURRAIT-ON DONNER, JE VOUS LE DEMANDE, MADAME LA DIRECTRICE ?
109

L'élève Ducobu
PPFFRRR ! J'EN AI RAS-LE-BOL DE CETTE MAUDITE ÉCOLE ! SI SEULEMENT ELLE POUVAIT ÊTRE DÉTRUITE DANS UN TREMBLEMENT DE TERRE !
COMMENT OSES-TU DIRE UNE CHOSE PAREILLE, DUCOBU ?! TU DEVRAIS AVOIR HONTE !
C'EST UN IMMENSE PRIVILÈGE QUE NOUS AVONS DE POUVOIR ALLER À L'ÉCOLE !
L'ÉDUCATION EST UN DROIT FONDAMENTAL QUI D'AILLEURS, EST INSCRIT DANS LA CHARTE DES DROITS DE L'ENFANT.
TOUS LES ENFANTS DU MONDE, EN EFFET, N'ONT PAS NOTRE CHANCE. AINSI, SAVAIS-TU QUE SUR L'ÎLE D'ANALPHABÊTIA, LES ENFANTS NE VONT JAMAIS À L'ÉCOLE ?
CES PAUVRES ENFANTS VÉGÈTENT À LONGUEUR D'ANNÉE. PAS L'OMBRE D'UN DEVOIR NI MÊME D'UNE INTERRO ! L'ENFER QUOI !
UN ALLER SIMPLE SUR LE PREMIER VOL À DESTINATION DE L'ÎLE D'ANALPHABÊTIA ?!? MAIS...
5
SÉBONAR
110

BONNES VACANCES À TOUS!
REMARQUES : POUILLON II
DUCOBU
ALLONS, GUSTAVE! RESSAISIS-TOI!
BONNES
VIVE LES VACANCES, PLUS DE PÉNITENCES! LES CAHIERS AU FEU ET L'INSPECTEUR AU MI...
MONSIEUR LATOUCHE?
JE... J'ÉTAIS VENUE VOUS SOUHAITER DE BONNES VACANCES.
LÉONIE GRATIN! COMME VOTRE MÈRE DOIT ÊTRE FIÈRE DE VOS RÉSULTATS!
PREMIÈRE DE CLASSE AVEC 99,9999%
111a

JE SUIS SURTOUT CONTENTE QUE CE SALE COPIEUR DE DUCOBU REDOUBLE.
ME VOILÀ ENFIN DÉBARRASSÉE DE CE PARASITE ! *
NE RETOURNEZ PAS LE COMPAS DANS LA PLAIE ! QUAND JE PENSE QUE JE VAIS ENCORE DEVOIR SUPPORTER CE CANCRE PENDANT TOUTE UNE ANNÉE !
* QUE TU CROIS, LÉONIE ! (LES AUTEURS QUI TIENNENT À LEUR GAGNE-PAIN.)
EUH ! ... J'AI ... JE ... C'EST POUR VOUS !
POUR MOI ?
SMUTCH !
SCRITCH ! SCRITCH
Du fond du coeur
de petite fille
un énorme Merci
à mon gentil professeur,
Léonie Gratin
ET VOILÀ ! ENCORE UNE DE FAITE ! À DANS DEUX MOIS, LOCAL CHÉRI !
CRIC ! CRAC !
J'ALLAIS OUBLIER !
111b

CRAC! CRIC!
QUELQUES CAHIERS À CORRIGER SI JAMAIS IL FAIT MAUVAIS TEMPS!
BONJOUR! JE M'APPELLE PHILIPPE FALZARI!
ENCHANTÉ, GUSTAVE LATOUCHE.
AIR AZTECA
...VOUS VOUS RENDEZ FRÉQUEMMENT AU MEXIQUE?
À VRAI DIRE CELA FAIT DIX ANS QUE J'ÉCONOMISE CENTIME APRÈS CENTIME POUR CE BILLET D'AVION.
JE SUIS INSTITUTEUR.
NON!? ÇA ALORS!? MOI AUSSI, AVANT J'ÉTAIS INSTITUTEUR!
AH! AH! JE SAIS CE QUE C'EST: DEUX MOIS DE CONGÉS SCOLAIRES MAIS PAS D'ARGENT POUR POUVOIR EN PROFITER!
À PRÉSENT, JE SUIS DANS L'ÉLEVAGE DE COCHONS. C'EST MOINS DE RESPONSABILITÉS ET... ÇA RAPPORTE BEAUCOUP PLUS! HÉ! HÉ!
QUE VOULEZ-VOUS CRUNCH! DE NOS JOURS, LES GENS SE PRÉOCCUPENT PLUS DE LEUR ESTOMAC QUE DE L'ÉDUCATION DES GÉNÉRATIONS FUTURES!
SOUPIR!
111c

AAAAH ! DEUX MOIS DE FARNIENTE SOUS LE SOLEIL DES TROPIQUES !
PLAGE RÉSERVÉE AUX CLIENTS DE L'HÔTEL CORTEZ
JE VAIS EN PROFITER POUR PRÉPARER MES LEÇONS POUR L'ANNÉE PROCHAINE !
¿ SEÑOR LATOCHÈS ?
?
MAMA... MADAME LA DIRECTRICE ?! CE... C'EST TRÈS AIMABLE À VOUS DE ME DONNER UN PETIT COUP DE...
PAPA... PARDON !? QUE JE PRENNE LE PREMIER AVION ET QUE JE RENTRE IMMÉDIATEMENT AU PAYS ?! MAIS MADAME LA DIRECTRICE ?
VRAIMENT, MADAME LA DIRECTRICE, JE NE SAIS PAS COMMENT...
DÉPÊCHEZ-VOUS, BON SANG !
CRIC ! CRAC !
BEN, C'EST PAS TROP TÔT !
EN TOUT CAS, DUCOBU, VOUS POURREZ VOUS VANTER D'AVOIR GÂCHÉ JUSQU'À MES VACANCES !
C'EST MALIN AUSSI DE M'OUBLIER DANS MON COIN !
HEUREUCHEMENT, POUR CHURVIVRE, QU'ON A RETROUVÉ DES CHUCRERIES QU'IL NOUS AVAIT CONFICHQUÉES PENDANT L'ANNÉE CHCOLAIRE !!
CHIPS
FIN
111d

CONFISQUÉ !
NAOON !
TOUT MAIS PAS ÇA !
JE FERAI MES DEVOIRS.
J'APPRENDRAI MES TABLES DE MULTIPLICATION.
J'ARRÊTERAI DE TRICHER SUR MA VOISINE. MAIS PAR PITIÉ, NE CONFISQUEZ PAS MON
TREMPLIN
Chaque Semaine retrouve Ducoba dans
TREMPLIN

PRINTED IN BELGIUM BY
proost
INTERNATIONAL BOOK PRODUCTION

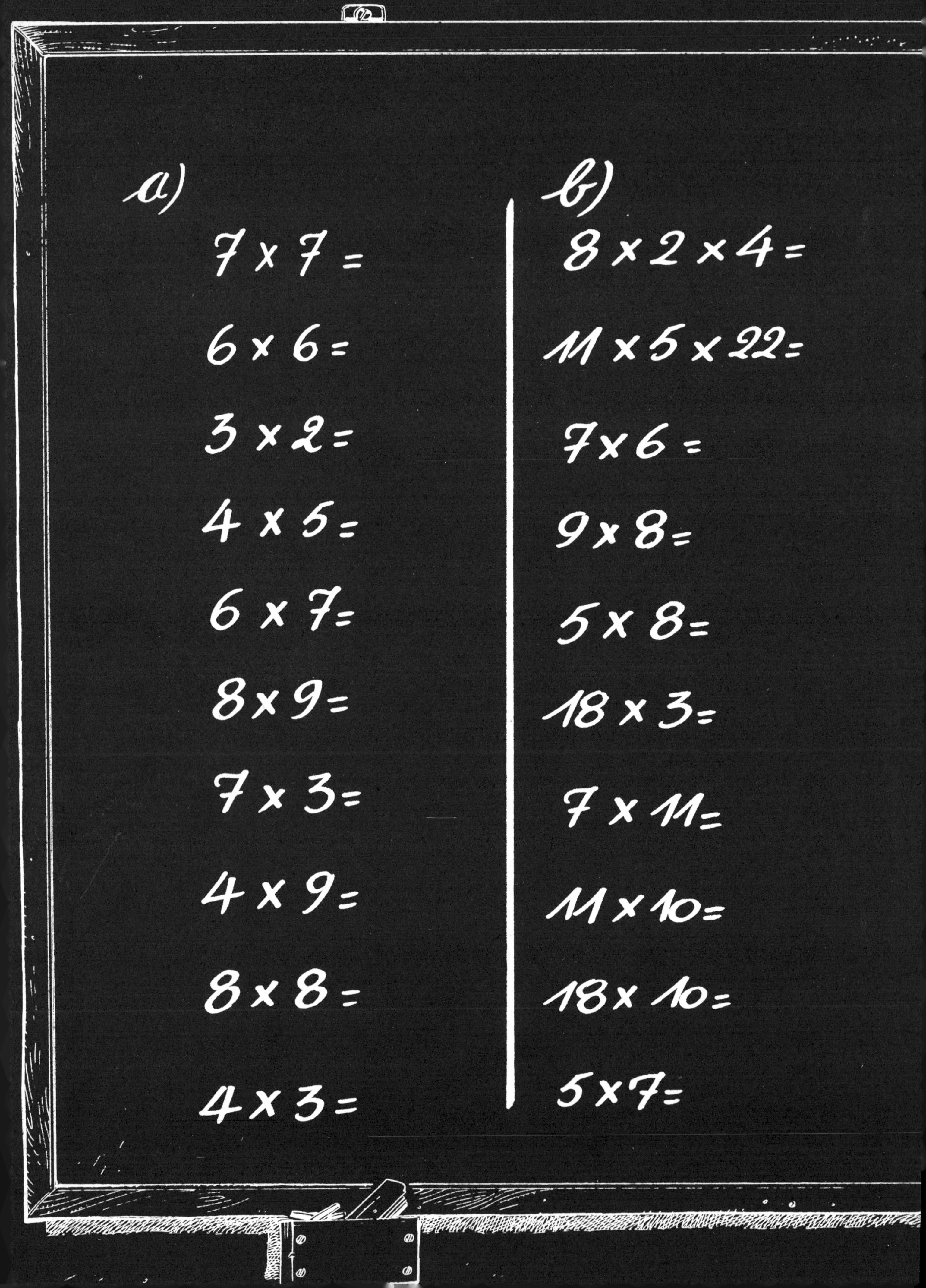
a)
7 x 7 =
6 x 6 =
3 x 2 =
4 x 5 =
6 x 7 =
8 x 9 =
7 x 3 =
4 x 9 =
8 x 8 =
4 x 3 =
b)
8 x 2 x 4 =
11 x 5 x 22 =
7 x 6 =
9 x 8 =
5 x 8 =
18 x 3 =
7 x 11 =
11 x 10 =
18 x 10 =
5 x 7 =